AF267985

PROJET DE LOI
SUR LA PRESSE.

PROJET DE LOI

SUR LA PRESSE,

SOUMIS AUX LUMIÈRES

DE MESSIEURS

LES MEMBRES DE LA CHAMBRE DES DÉPUTÉS,

PAR UN DE LEURS COLLÈGUES.

PARIS.

IMPRIMERIE ANTHELME BOUCHER,

RUE DES BONS-ENFANS, Nº. 34.

1827.

CONSIDÉRATIONS PRÉLIMINAIRES.

⸺⸺◆⸺⸺

Mes chers Collègues,

Celui qui vous adresse cet écrit n'est point un ennemi de la liberté d'écrire. Admirateur sincère des œuvres du génie, ami de cet art qui fait le charme et la gloire des peuples heureux, écrivain lui-même, et honoré de quelques suffrages, personne ne peut dire avec plus de vérité que lui qu'il aime et révère la liberté de la presse.

Mais il l'aime sans faiblesse ; il la révère sage, éclairée, organe de vérité, instrument de concorde, affranchie de tout ce qui la dégrade, honneur et lien des sociétés, au lieu d'en être la honte et le fléau ; telle enfin que la société veut qu'elle soit, partout où elle n'a pas abjuré son goût, ses mœurs et son caractère.

Depuis six ans, apportant à votre tribune les principes avec lesquels j'ai vieilli, j'ai, sans succès mais sans découragement, répété chaque année qu'une censure haute, auguste et puissante, était le seul remède qui pût sauver la presse elle-même de ses propres excès; je l'ai répété à la face de chacune de ces lois verbeuses, sévères, entortillées, inutiles surtout, que nous avons vu naître et mourir d'année en année.

Fatigué, frappé de sombres pressentimens, voyant la contagion s'étendre et le mal se précipiter avec une vitesse accélérée, je viens remplir un dernier devoir, payer un dernier tribut à ma conscience, et dire la vérité que mon siècle commence à ne plus entendre. Emportez ce court écrit dans vos foyers, méditez-le avant qu'une nouvelle session vous ramène, améliorez-le par vos propres idées, afin que si le ciel permet enfin qu'on quitte la route d'erreur par laquelle nous courons à notre ruine, vos réflexions aient d'avance élaboré cette importante matière.

De telles choses veulent être semées de longue main pour mûrir avant leur récolte. Depuis douze ans nous avons suivi avec une fatale constance un système diamétralement opposé. Les lois ont été conçues dans le mystère, fabriquées dans la nuit, ourdies enfin comme des conspirations jusqu'au jour où elles venaient inopinément à sourdre au milieu de nos rangs. On eût dit ou que ces lois, faites à l'ombre, n'étaient pas appelées à soutenir le grand jour de la discussion, ou qu'on les cachait de peur de complots contre elles, tandis qu'il fallait au contraire les montrer pour lier des complots en leur faveur.

C'est dans mon opinion privée une des inconséquences les plus fâcheuses que nous ayons vues depuis quelques années. Convenable peut-être dans un gouvernement absolu, elle est hors de toute harmonie avec celui qui nous a été donné. Elle est d'ailleurs l'enseigne de la faiblesse qui met toujours l'habileté dans le mystère.

Une habileté plus grande, c'est de conduire les hommes par leurs inclinations et leur caractère. Nous connaissons celui des Français : il est en abrégé dans notre Chambre. Celui-là serait un homme habile, qui, sentant qu'il ne peut arriver au but sans eux, ferait le chemin avec eux et se les concilierait sur la route ; qui viendrait avec franchise faire à notre tribune l'exposé, le programme, pour ainsi dire, d'une session, même d'une septennalité. Il n'est aucun de vous qui n'ait souvent senti le découragement de l'incertitude et de l'ignorance, aucun qui n'ait pensé que la franchise eût attesté la force, et que la force eût gagné la confiance.

Je viens donc aujourd'hui suivre une route tout opposée, en jetant d'avance au milieu de vous cette semence qui, si vous l'en jugez digne, pourra peut-être fructifier en son temps.

Il faut exposer les motifs qui m'ont déterminé à vous soumettre ce projet.

Vous avez vu l'inexécution des onze lois qui ont précédé celle qui vient d'être retirée. Elles ont péri par leur force et par leur faiblesse : faiblesse dans le principe qui était de tout permettre, force dans des rigueurs subséquentes et tardives.

Vous avez vu jusqu'où l'insolence et le crime ont été successivement portés. Je ne parle pas des vils pamphlets qui n'insultent que les vivans ; mais tous les morts infâmes, athées, scandaleux, ont été ressuscités et (ce que n'avaient vu ni un siècle de démence ni la révolution qui l'a couronné,) mis au rabais, à la portée de tout ce que leur putréfaction pouvait corrompre. Chaque hameau, chaque chambrée, chaque école a eu son histoire, sa morale et sa religion à cinq sols, falsifiées et empoisonnées. On frémit de dire ce qui est authentiquement constaté, que depuis la restauration, deux millions quatre cent mille volumes de ces ouvrages, dont pas un seul n'avait été imprimé sous Bonaparte, ont été publiés tranquillement, successivement, sans obstacle; et il y a deux ans qu'à votre tribune un ministre disait encore « que l'abus de la presse se corrigeait » par ses propres excès, qu'on avait tort de s'alarmer de la » réimpression des ouvrages irréligieux, et que plus ils se » multipliaient, moins ils devenaient dangereux. » Étrange philosophie qui s'en remet du bien à l'excès du mal ! Combien n'a-t-on pas aussi parlé de la balance des bons et des mauvais écrits, de cette lance d'Achille qui guérit ses propres blessures, enfin de cette ridicule compensation du mal par le bien, et, par conséquent, du bien par le mal, invention absurde d'un siècle entêté de statique? Comme si entre ces deux affirmations prêchées avec une légalité égale, le bien d'une part, le mal de l'autre, il pouvait rester autre chose que le néant, la négation absolue, l'indifférence légitime de tout principe et de toute foi.

. Vous avez vu les excès parvenus à ce point, que dans un cours donné d'années suffisant pour finir l'éducation de la race qu'ils endoctrinent, ils menacent la France d'une subversion plus définitive que la première.

Enfin, vous avez vu l'encyclopédie de lois que nous avons faites, pâlir devant ce débordement, et de petits tribunaux correctionnels prononcer, de loin en loin, de petites amendes, de petits emprisonnemens, comme pour constater en quelque sorte l'audace et le triomphe de cet ennemi colossal qu'on attaque à coups d'épingle.

Force a été alors de reconnaître qu'il fallait contre une telle invasion des mesures nouvelles fortes et efficaces. Vous l'avez reconnu avec tout Paris, avec toute la France.

Qu'est-il arrivé ? Une douzième loi est venue ; loi conçue dans le même principe que les autres, et où tout au plus quelques idées préventives se cachaient timidement et s'excusaient presque de paraître: Cette loi est retirée. Sa naissance avait avoué le néant des précédentes ; sa mort nous laisse donc plus dénués qu'auparavant.

Je l'avoue toutefois, quelque fâcheux que soit cet échec à l'autorité, quelque précaire que soit cette position, quelque malheur qu'il y ait à perdre ainsi le temps qui nous presse et nous précipite, je me sens le courage de préférer un an d'attente et d'épreuve, la certitude qu'on n'a rien et la conviction toujours croissante qu'il faut créer quelque chose, à l'illusion de sécurité, à l'erreur de force et de puissance dans laquelle nous nous fussions peut-être endormis.

Oui, je le crois sincèrement, mieux vaut n'avoir rien fait, mieux vaut laisser croître le mal et avec lui la conscience qu'il faut le surmonter ou périr, mieux vaut laisser grossir l'attaque et avec elle le sentiment de la résistance, que d'avoir pactisé avec lui. Après douze années de concessions et de transactions qui nous ont menés où nous sommes ; après que le trône, l'ancre principale de nos libertés, s'est vu successivement affaiblir, et bien moins, croyez-moi, par l'audace de ses ennemis que par la timidité de ses amis, le temps est venu, le temps presse de songer, dans l'esprit des lois, moins à défendre les peuples des entreprises de l'autorité, qu'à défendre l'autorité des entreprises des peuples, car les peuples sont pleins de vie, d'énergie et de sève, et l'autorité de fatigue et de caducité.

Et qu'on me permette de le dire, naturellement enclin, peut-être trop enclin même à fronder et à censurer, si j'eusse eu à former parmi les royalistes le plan d'une opposition au ministère, ce n'est que sous ce seul point de vue que j'eusse voulu l'envisager. Ce seul principe m'eût paru noble, honorable et utile, celui d'exercer sur le ministère un contrôle assidu, d'engager avec lui une lutte infatigable partout où une faiblesse de faits ou de mots, de loi ou d'administration, une concession de principes, une erreur législative, religieuse ou politique eût tendu à diminuer la force du trône par les mains de ceux qui sont institués pour le défendre, partout où il eût fallu provoquer les lois monarchiques qui nous manquent; combattre ce qui l'est trop peu dans celles qu'on nous présente, ou repousser les concessions démocratiques que le ministère pourrait faire dans le cours de leur discussion. C'est ainsi que j'aurais conçu mon opposition; c'est ainsi que j'aurais voulu, ou abattre un ministère, ou le forcer de se soutenir à la hauteur de la majesté qu'il représente; et certes sur cette route je n'aurais pas risqué de fraterniser avec ce que j'avais toujours repoussé, et de souffrir une fatale alliance entre des opinions monarchiques qui se mitigent et des opinions révolutionnaires qui se déguisent.

Quand notre chambre fut affranchie des instrumens de faction qui l'avaient long-temps agitée, je commis, je

l'avoue, cette grave erreur. Je me figurai que dans sa nouvelle composition les deux partis, car une assemblée
n'existe pas sans deux partis, se signaleraient à ces traits;
que l'un serait implicitement attaché à la marche du ministère, et que l'autre, dévoué au trône seul, tout imbu de principes absolus, y repoussant toutes modifications, trop entier
même dans son dévouement et dans sa haine, combattrait
partout ce même ministère comme trop peu monarchique
pour le bien soutenir. Oui ce fut, je l'avoue, une grave
erreur, et j'aurais dû juger alors ce que l'expérience m'a
depuis appris, que quand un parti s'oppose, même avec les
plus justes raisons, au pouvoir qui représente le trône, il
n'y a pas le choix des armes; plus monarchique peut-être
dans le cœur et les principes que ne l'est le ministère
même, il ne lui est donné pour le combattre que la force
démocratique et les argumens populaires; il ne peut l'attaquer que par ce qui attaque le trône même, et tandis que
tranquille sur sa conscience il en repousse les principes con-
venus que sa bouche profère, ils passent par degré de ses
lèvres à son cœur, ils l'inoculent à son insu, et il se fait dé-
mocrate par haine d'un ministère qui n'est pas assez
royaliste.

C'est ainsi que dans l'épreuve récente que vient de subir
la question de la presse, nous avons entendu les vieux
échos de la révolution retentir dans la bouche de ses victi-
mes; nous les avons vus provoquer la liberté presque indé-
finie de la presse, appeler de nos bancs à nos tribunes,
nous ériger en acteurs qui représentent devant un parterre,
affirmer que votre chambre n'est pas une garantie des libertés publiques, parce que ces tribunes sont trop

étroites (1) , et proclamer enfin le règne absolu de l'opinion publique : tous moyens excellens, il est vrai , pour abattre un ministère et même tous les ministères présens et futurs , mais non moins infaillibles pour abattre aussi tous les trônes. Qu'eût dit de mieux le parti dont les débris siégent encore au milieu de nous? Qu'eussent-ils dit eux-mêmes il y a dix ans de pareilles doctrines, et sont-ce là celles que professait *le Conservateur* quand il combattait un ministère trop peu monarchique?

Et quelle est donc au vrai cette domination de l'opinion publique qu'un côté de notre chambre exalte très conséquemment, qu'un autre côté reconnaît très inconséquemment et que j'ai toujours niée à la tribune comme ailleurs.

Je reconnais deux opinions publiques, l'une morale, l'autre légale ; je les révère et les accepte pour mes juges.

La première est celle de la classe éclairée, solide et élevée de la société, entendue dans les temps de calme, et prononçant sans passion sur les choses de sa compétence.

La seconde est celle du corps élu chargé par son mandat d'exprimer légalement l'opinion de tout ce qui en France a le moyen d'en avoir une et le droit de la faire écouter.

J'ai dit le corps élu , car la chambre des pairs est placée

---

(1) En Angleterre , long-temps après la révolution de 1688 , on regardait le secret des délibérations comme le palladium de la liberté des chambres, et par conséquent de la liberté publique. Sous la Convention on regardait la grandeur des tribunes comme l'arme infaillible de la violence populaire, pour comprimer ou effrayer tout ce qui eût pu y conserver quelques sentimens de justice , et pour maîtriser l'assemblée au profit de quelques factieux.

si haut dans l'échelle des puissances, qu'elle a, à l'instar de celle d'Angleterre, ce magnifique privilége d'opiner, non pour des commettans, mais pour elle-même, et de mettre son vote de pairie en balance avec celui de toute la France. Son opinion n'est donc pas une opinion publique; elle ne tient rien de l'opinion publique; elle est la sienne propre, et elle se popularise, c'est-à-dire se déplace et se ravale si elle écoute, recherche ou flatte les opinions du dehors.

Hors des deux opinions publiques que j'ai définies, je n'en reconnais point en France.

Et cependant, de la fermentation de nos troubles il est sorti une nuée d'hommes téméraires qui ont mis en commandite leur esprit et leur fortune, leurs intrigues et leur crédit pour fabriquer une troisième opinion publique façonnée de leurs mains, faite à leur image, et pour la rendre l'arbitre des deux autres.

La plus belle invention dont s'honore la société, son instrument de lumière et de gloire est précisément celui qu'ils ont choisi pour l'aiguiser en glaive d'erreur et de ruine. Cette arme, qu'ils ont appelée *liberté de la presse*, règne despotiquement sur leur opinion publique qui doit à son tour gouverner despotiquement tout ce qui gouverne la France, en sorte que dans cette transmission de despotisme nous serions devenus, au nom de la liberté, les esclaves d'une troupe de pamphlétaires : et il est parmi nous, il est dans les classes les plus honorables de la société, des hommes qui passent fièrement sous ce joug honteux et servile.

Or comptons; non pas à cette fameuse époque où des

géomètres politiques prétendaient découper la France en trois mille républiques dont chacune aurait une presse pour Archonte, mais comptons au temps présent de combien d'hommes effectifs se compose la famille privilégiée qui croit tenir de Dieu et de sa plume le droit de gouverner le monde. J'en écarterai ceux qui se consacrent à d'autres études, comme les belles-lettres et les sciences; ceux-là n'ayant point encore annoncé de prétentions à l'empire. Il ne s'agit donc ici que des écrivains qui exploitent la politique, la morale ou la législation. Combien sont-ils? Où sont-ils? La seconde question est la plus facile à répondre : un mot suffit; tous à Paris ; le reste n'est qu'exception. Voilà déjà une terrible centralisation et qui promet un terrible despotisme. Quant à la première question, toutes mes recherches n'ont pu me faire porter à plus de cinq cents le nombre des écrivains qui règnent en France. Ce n'est certes pas là une aristocratie, mais une sévère oligarchie. Cependant dans ce nombre combien sont lus ? Combien ont empire sur les esprits? Si ce n'étaient les trente gazettes qui exposent au grand jour beaucoup de talens inconnus, je dirais cinquante, et ce serait peut-être trop; mais, par égard pour les journaux, nous en porterons le nombre à deux cents. C'est donc de deux cents hommes, élus par eux-mêmes, que se compose la puissance qui en veut régir trente-deux millions. Certes, on ne peut porter plus loin le culte des minorités.

Où sont les titres de cette puissance ? Je n'ai encore vu que ses conquêtes. Les lumières et la raison sont-elles inhérentes à elle seule ? Je ne parle pas de l'union, car elle-même se divise et forme deux opinions, si ce n'est trois, inconciliables entr'elles et toutefois également souveraines et infaillibles. La société est-elle donc réduite à ce point de disette, de ne puiser ses pensées que dans cette caste étroite et dans la capitale ? En parcourant la France, je trouve à chaque pas dans la magistrature, dans le clergé, dans les administrations, dans le commerce, dans la propriété foncière des hommes qui réunissent la sagesse au savoir, qui ont pour régir la société tout ce qu'il faut, hormis d'écrire et d'imprimer, qualités qu'on pourrait n'y pas croire indispensables ; qui de plus ont des cautions morales et réelles, ce qui se rencontre moins communément dans les autres. Porter leur nombre à deux mille, c'est l'estimer très bas, et ils ont peut-être quelque raison de penser que le droit de diriger l'État, de l'édifier et de l'instruire, leur est plus légitimement acquis qu'à deux cents écrivains. Mais j'irai plus loin ; quand même cette faction eût pleinement réussi, quand même elle eût répandu une contagion universelle, la grandeur du mal l'érigerait-elle en bien ? Les peuples ont des temps de grandes épidémies : est-ce la santé que la maladie de tous ? Ils ont des temps de grandes aberrations : est-ce la vérité que l'erreur de tous ? Et la ligue et la fronde dans leurs démences, et la révolution dans ses fureurs, elles avaient donc raison, car elles étaient le langage de tous, le *vox populi*, *vox Dei*, cette flagornerie démocratique des courtisans d'Athènes au souverain du Pnyx. Quelle erreur fut donc celle de tous ces grands législateurs qui firent des lois aux peuples, contre eux-mêmes, contre leurs goûts en faveur de leurs intérêts, contre leurs passions en faveur de leurs mœurs ? Que diraient-ils au xixe. siècle de voir ce peuple, qu'ils maîtrisaient dans des républiques, érigé en puissance suprême dans une monarchie, et ses deux cents procureurs-généraux traduire à sa barre, administrations, ministères, chambres, tribunaux, et tout ce que la société a institué pour la régir et la représenter; étrange appel du peuple comme gouvernement et souverain, au peuple comme sujet et gouverné, autrement dit de Philippe à jeun à Philippe ivre; dogme de la royauté du peuple qui, certes, n'est plus le dogme timide et abstrait du contrat social où il a possédé et abdiqué l'empire, mais le dogme absolu de la Convention où il le garde et l'exerce tous les jours. La liberté de la presse qui fonde cette puissance mène à la liberté du comité de salut public qui l'exerce; et croyez-moi, si on en excepte quelques hommes honnêtes et trompés, ceux qui soutiennent aujourd'hui la première savent bien qu'en combattant pour des journaux ils militent pour une plus importante conquête.

Parlons donc avec une pleine franchise : la société captivée, harcelée par la parole écrite et la parole parlée, a droit d'être enfin émancipée. Tuteurs de toutes les libertés, pourquoi la refuseriez-vous aux oreilles qu'on empoisonne, aux esprits qu'on égare, à tous les droits qu'on viole? Un philosophe qui n'est pas suspect, qui écrivait dans un temps d'illusions républicaines, Hobbes disait ces mots : *Doctrinarum quæ ad seditionem disponunt, una et prima hæc est, « cognitionem de bono et malo, pertinere ad singulos. »* Voilà un grand arrêt contre les lumières universelles; et s'il faut absolument parler au public; s'il faut absolument que la foule entende, manque-t-il de nos jours de moyens pour le faire? Autrefois on ne pouvait lui parler qu'au nom de

Dieu et dans sa maison. C'était une grande idée, une idée éminemment sociale, et qui mérite d'être méditée par les hommes d'état. Aujourd'hui, le barreau dans ses plaidoyers parle au public, non aux juges; la tribune, dans ses discours, parle au public, non aux législateurs; le public même, dans ses pétitions, parle au public, non aux autorités; a-t-il encore besoin que deux cents écrivains épuisent sur lui leur rhétorique infatigable, et que cent mille feuilles, chassées une fois le jour de l'antre de la Sybille, remplissent l'air de leurs oracles, et soufflent, au milieu de la paix publique, un ouragan de doctrines contre lequel nul ne peut trouver de refuge?

C'est à ce degré d'égarement que les idées modernes ont été poussées. L'erreur se réforme, dit-on, par ses propres excès : oui, mais en ce sens seulement, qu'ils dessillent les yeux des hommes qui ont pouvoir de les réformer, et qu'éclairés sur le danger de l'erreur, ils portent toute la force publique du côté de la vérité.

Ce temps est venu où la nécessité d'une réforme s'est montrée indubitable et urgente: il faut combattre, et il n'est plus question que du choix des armes. Examinons donc, mais pour un moment seulement, car cette thèse n'a déjà été que trop agitée; examinons, dis-je, lequel de ces deux moyens, le châtiment qui suit le délit, ou la censure qui le prévient, réprimera le plus efficacement les abus.

Commençons par le premier, et pour pouvoir l'appliquer au but de répression, prenons-le dans son sens le plus moral et le plus élevé, dans celui que lui attribuent les philosophes criminalistes.

(16)

Vous châtierez donc l'écrivain coupable, afin que d'autres fuient le crime par la crainte de la peine?

Mais d'abord ce châtiment est-il certain? Vous êtes sûrs de la menace, l'êtes-vous également de l'effet? Qui vous assure qu'un délit, qui altère les doctrines, n'altérera pas les jugemens, dans un temps où nous avons entendu demander sérieusement *des juges de la même opinion que les prévenus?*

Supposons toutefois le châtiment assuré, comment y arriverez-vous? est-ce par les plaids de Kingsbench, ou de la Tournelle? Non, c'est par les dissertations du lycée ou, du portique; c'est par les argumentations équilibrées d'un avocat général qui condamne le mal, et d'un praticien qui l'exalte; c'est par une école où l'avocat du droit et l'avocat du sophisme soutiennent thèse devant les magistrats qui, écoutent, l'accusé qui préside, et la foule qui juge; instruction pire que le délit qui, omis, ne nuit qu'un moment, et jugé, fermente un mois de suite; instruction mortelle, qui change le mal dans la proportion de la brochure à la tribune, de la boutique à l'amphithéâtre, et de la parole écrite par un auteur inepte, à cette même parole parlée par un rhéteur éloquent. Tout est interverti alors; la sellette accuse le juge, la barre le condamne, et le ministère public élude les poursuites pour éivter les défaites.

Mais enfin, après tous ces dangers, le jugement se prononce, la peine s'applique: quelle peine! la palme du martyre. Cet incendiaire que la justice vient de flétrir, le pavois l'attend; les huzzas l'accompagnent, la foule l'emporte en triomphe. Législateurs imprudens! ce sont des récompenses que vous décernez, le carcan même en serait anobli.

Mais ce n'est pas assez de la gloire, vos châtimens seront encore un profit ; que produiront-ils en effet ? des amendes. La compagnie les paye, le crime est riche, on connaît son bilan. La prison, c'est un état, une fortune, un commerce sans patente : le véritable éditeur y mit ses fonds, l'éditeur responsable sa personne ; le métier est lucratif, et vous trouverez toujours, pour l'entreprendre, des forçats en semestre, absents de Bicêtre par congé, et prêts à y rentrer à prix convenu.

Et d'ailleurs, j'ai bien voulu supposer que la peine s'appliquerait : que serait-ce donc si, tandis que le loi aurait créé pour le crime des degrés et des *maximum*, l'indulgence du tribunal la désarmait en quelque sorte, en mesurant aux délits des peines si légères, qu'à comparer l'un à l'autre, le juge semblât protester en quelque sorte contre la loi qui le condamne à punir ? J'ai dit l'indulgence, car à Dieu ne plaise que je veuille croire ce que j'ai entendu dire ingénuement à votre tribune, que l'immuable et impassible justice, s'approchant des attributions politiques, pût se faire un système, un calcul, un devoir même, d'écouter les rumeurs du monde ; de juger, non selon la loi, mais la loi, et d'user de l'arbitraire que sa confiance lui laisse, pour tuer son esprit par le choix qu'elle ferait de sa lettre.

Que faire donc ? des catalogues de délits, émargés de châtimens ? de nouveaux tarifs de compositions, pour garrotter la conscience du juge, et faire de lui une machine judiciaire ? Mais des volumes n'y suffiraient pas, et eussiez-vous épuisé tous les cas, eussiez-vous réduit le juge, qui reconnaît le crime, à lui appliquer strictement telle peine ;

2

l'amiez-vous réduit pour cela à reconnaître le crime? et l'impuissance de choisir la peine, lui ôterait-elle la puissance d'absoudre le coupable?

Reconnaissons enfin par l'épreuve de douze années, pendant lesquelles, de lois pénales en lois pénales, le mal n'a cessé de croître et la loi de s'affaiblir; pendant lesquelles le mal devenu dogme s'est fait des auxiliaires dans la répression même, après avoir répudié les jurés trop ignorans, pour invoquer les juges trop habiles; après avoir investi ceux-ci de pouvoirs politiques, et pour extirper un trouble de l'état, créé contre lui un nouveau ferment de trouble; après avoir enfin tout tenté, tout manqué, et la presse s'apprêtant hautement à passer de l'impunité à l'empire... Reconnaissons que la peine *tardive* et *boiteuse* ne peut atteindre cette puissance aux pieds de géant : cessons d'inventer des supplices contre celle dont l'existence annule les supplices, et brûlons nos lois pénales, pour dompter ce qui est plus fort qu'elle.

Nous repousserons donc la répression subséquente, parce qu'elle ne donne pour caution à la paix publique, que le jugement et le supplice, parce qu'elle laisse le crime mûrir, le mal croître, la société se corrompre et la justice s'affaiblir; soit qu'elle s'use à châtier, soit qu'elle se déshonore à absoudre; nous la repousserons, parce que, pour la rendre efficace dans un tel temps et contre de telles forces, il faudrait avoir pour ministre un cardinal de Richelieu, pour code celui des Decemvirs, et pour magistrats des juges spéciaux, prévôtaux peut-être, réprimant jusqu'au délit à naître, par le châtiment terrible du délit imprimé, et réduisant enfin cette fière liberté à venir à genoux lui demander des chaînes.

Ce premier moyen abandonné, il ne nous reste que la répression préventive, et c'est d'elle que je vais un moment encore vous entretenir.

Les vrais hommes d'état possèdent la force, et en évitent l'usage, non pour eux qui savent l'employer, mais pour la société qu'elle fatigue et corrompt. C'est pour cela qu'économes de peines, ils aiment mieux réprimer par un mot que par un arrêt, et arrêter un mal naissant que châtier un mal viril et dans sa maturité.

A plus forte raison, quand on vit sous une constitution qui affaiblit les ressorts du gouvernement, doit-on éviter de lui faire des lois plus difficiles qu'il ne peut les manier. Il faut donc lui chercher, contre les invasions de la presse, une législation simple, douce et facile, et pour lui et pour elle, dont l'obstacle léger, mais sûr, filtrât en quelque sorte à sa naissance le torrent qui, grossi, emporterait toutes les digues.

Qu'est-ce que la censure en elle-même, dans son essence et dans son but? qu'a-t-elle été dans les temps anciens, quand elle régentait en dictateur quinquennal les mœurs, l'ordre et la discipline sociale, d'autant plus absolue que la liberté était plus grande, d'autant moins exercée qu'elle était plus absolue?

Qu'a-t-elle été dans les temps modernes, quand, privée d'action directe sur les mœurs publiques, elle n'exerçait son empire que sur les écrits qui les modifient, toujours la même dans des temps différens, mais resserrée dans sa compétence et bornée dans ses attributions?

Qu'est-ce enfin que la censure?

2..

C'est virtuellement un tribunal et le censeur un juge.

Ce tribunal a été dégradé. Nous avons vu, dans le siècle dernier, des hommes sans considération, des auteurs de romans scandaleux, plus dignes d'être censurés, que de censurer eux-mêmes, traîner dans la fange des mœurs du temps, une magistrature si haute, je dirais presque si sublime. Cela devait être, la démoralisation des mœurs avait subjugué les lois, force leur fut de se ravaler à leur taux.

Ce tribunal a été dégradé. Nous avons vu, dans le siècle présent, des hommes, instrumens passifs d'une police absolue, vouer au despotisme la même servitude que ceux du siècle précédent avaient vouée à la licence: cela devait être encore; dans le premier cas, la loi était moins forte que le désordre, ses jugemens devaient être pervertis; dans le second, la loi était moins forte que l'autorité, ses jugemens devaient être esclaves.

Mais qu'importent ces exemples à la censure en elle-même? son tribunal aura été décliné, ou corrompu ou garrotté; ses juges auront été mesquins, ou scandaleux ou rampans; elle n'en est pas moins un tribunal. Il a été compris à Rome dans son action sur les mœurs; il ne l'a point été en France dans son action sur les écrits. Obscur et méprisé dans le siècle où les progrès de la presse demandaient un frein énergique; nul ou bravé dans celui où sa puissance n'en connaît plus aucun; jamais on n'a placé cette auguste institution à une hauteur proportionnée; jamais on n'a fait que montrer, avec quelque pudeur, un vulgaire obstacle de police, là où il fallait faire éclater à tous les yeux une magistrature imposante et suprême. On a cité le *genus irritabile vatum*, à la juridiction des fiacres; il fallait une cour suprême, pour flatter et dompter à-la-fois leur orgueil.

Et j'appelle ici la censure un tribunal et les magistrats des juges, parce qu'en effet, si le mal public qu'elle doit prévenir, n'est pas encore fait, quand elle juge, le délit, le crime privé de l'écrivain, n'en est pas moins complet quand il paraît devant elle : il n'est pas seulement l'intention du mal, il est le mal même, médité, résolu, écrit et présenté à la publication. Et certes, si l'homme qui a conçu, écrit, que dis-je, qui imprime, mais sans l'avoir encore débité, qu'il faut ameuter les peuples et détrôner les rois, brûler les églises et abolir la religion, n'a pas commis un crime, toutes les idées du juste et de l'injuste sont confondues, et la société est plus près de sa dernière heure que je n'avais encore pu le croire.

Le tribunal de la censure comble la lacune que la législation se croit forcée de laisser dans l'ordre moral, quand elle ne constitue délit que l'effet du délit, quand elle déclare qu'il ne consiste pas à avoir commis un crime, mais à l'avoir publié. Terrible maxime, et dont je ne veux pas peser ici la nécessité, qui n'admet le mal que consommé, ne préserve la société que tuée, et ne tient le venin pour venin que quand il a empoisonné; législation douce aux hommes à complots qui, abrités par elle, peuvent s'envelopper dans la pureté de leurs machinations, jusqu'à ce que le succès les absolve ; innocens tant qu'ils n'attaquent pas, vainqueurs dès qu'ils sont coupables.

Je demande donc pour la censure son seul moyen d'exister et d'être utile, une magistrature haute, auguste et gratuite, et j'ai le plaisir rare de concilier dans cette opinion MM. de Bonald et B. Constant (1). Alors j'anoblis réellement la presse en la soustrayant à-la-fois à l'obscure correction d'un commis appointé, au tribunal préventif de l'imprimeur, et au tribunal subséquent de la police correctionnelle. Que dis-je ! je crée pour elle une véritable franchise, car il n'est point de franchise qui n'ait pour base une caution donnée, une condition accomplie. Ce premier droit une fois payé par elle aux frontières de la société, tout son domaine lui devient terre permise ; personne ne peut lui demander péage ni passeport, personne l'arguer de fraude ou de contrebande. Et parlons à l'honneur et à la bonne foi. Quel est l'écrivain honnête homme qui, sûr de son innocence, ne préfère pas une honorable et facile garantie aux hasards d'une liberté périlleuse ?

Enfin celui qui ne reconnaît le mal pour tel que quand il est crime, c'est-à-dire, suivant le sens légal, *publié*, veut un tribunal de fer, armé de supplices, escorté de scandales, et dont après tout l'arrêt écroue le délinquant et laisse libre le délit.

Celui qui reconnaît le mal pour tel avant qu'il soit répandu, érige un tribunal de paix dont le jugement frappe le délit en épargnant le coupable, et résout peut-être seul un des plus insolubles problêmes du criminalisme.

Je vous épargnerai l'ennui de discuter si ce droit de sauver la société est, ou non, forclos de l'art. 8 de la Charte, de cet article qui ne reconnaît pas même aux journaux le

---

(1) Opinion de M. de Bonald, 1821. — Opinion de M. B. Constant, 1814.

droit d'exister (1). Vous avez pu sourire de *l'horrible certitude*, comme le disait le marquis de Rhulières, de quelques hommes honorables qui n'ayant pu ni mûrir dans la révolution, ni vieillir à votre tribune, y apportent encore les prestiges irréfragables de leur jeunesse politique. Ils vous ont dit : « que toute censure est inadmissible pour » qui compte pour quelque chose la Charte et son ser- » ment. » Rien n'est plus tranchant que l'erreur d'un honnête homme; rien n'est plus faux que l'esprit faux d'un cœur droit.

L'art. 8 de la Charte n'est ni douteux ni vague : il est vaste. Il doit l'être, sans quoi le choix des moyens appartiendrait toujours au désordre pour attaquer, jamais au pouvoir pour défendre, et le violateur de l'ordre serait son seul interprète avoué. Il dit en substance : « Le droit » d'imprimer existe, les lois en règlent les conditions. » Ainsi parle une Charte. La loi précise et distribue. Telle fut en octobre 1814 celle qui décréta la censure *comme complément de la Charte*. Affranchissons donc enfin ces mots *réprimer*, *se conformer*, des arguties de l'école, et que le sort de la société cesse de se décider par une question de grammaire. A mon sens, on ne *réprime* que par *prévention*, on ne se conforme qu'à des *prescriptions*. La loi ne réprime pas la maraude dans le soldat qu'elle

____

(1) « L'article 8 de la Charte ne fondait pas le droit de faire un jour- » nal. Il n'a été fondé que par la loi de 1819. Cette loi peut être modifiée » par une autre, et la Chambre peut établir maintenant la prévention, » comme elle a établi déjà la garantie, s'il est reconnu que ni la répres- » sion ni la garantie ne sont suffisantes » (Opinion de M. de Serres , 1821.)

fusille , mais dans ceux qui le voient fusiller ; la loi n'ordonne pas au voleur de se *conformer* à l'article du Code qui le condamne aux galères. Mais quoi qu'il en soit , peu importe à la Charte, elle ne distingue pas ; elle vous laisse le choix des moyens préventifs ou subséquens ; s'ils sont bons les abus seront *réprimés* ; elle n'a pas voulu davantage.

Tels sont, mes chers collègues, les motifs par lesquels je me suis senti impérieusement poussé à vous offrir le tribut de ces pensées. Elles ne peuvent prétendre au mérite d'être neuves , puisque je les garde depuis cinquante ans. Vous y aurez discerné d'avance l'esprit de la loi que je me dévoue à vous proposer. Il se renferme dans deux choses. Confier la juridiction de la presse à une magistrature spéciale, et revêtir cette magistrature d'un haut éclat et d'une suprême dignité. Cette nouvelle manière d'envisager la censure a donné à mon plan une étendue que j'aurais voulu, mais que je n'ai pu éviter.

Lisez, jugez, réfléchissez et faites mieux, car il faut faire bien et promptement ; il y a péril en la demeure, et la maison en péril, c'est la France.

PROJET DE LOI

SUR LA PRESSE.

Titre Ier. — *Des Conseils de censure.*

ARTICLE PREMIER.

La publication de tous ouvrages est soumise à une magistrature spéciale et censoriale.

ART. 2.

Il y a un conseil suprême de censure pour toute la France et un conseil spécial de censure pour chaque département, à l'exception de celui de la Seine, où il est suppléé par une section du conseil suprême.

ART. 3.

Ne sont admis dans le conseil suprême que les pairs, députés, évêques ou archevêques, conseillers de cassation, présidens de cours royales et principaux dignitaires de l'université et de l'institution des hautes études ecclésiastiques.

Ne sont admis dans les conseils spéciaux que les députés, évêques, membres de cours royales, présidens de tribunaux de première instance et recteurs d'académies royales.

ART. 4.

Le nombre et le choix des membres des conseils de censure sont réglés par des ordonnances (1).

ART. 5.

Le conseil suprême reçoit les appels des conseils spéciaux; ils prononce sans recours ni pourvoi (2).

ART. 6.

Les fonctions de conseiller durent cinq ans (3), pendant

---

(1) On conçoit que les conseils spéciaux appartenant à des chefs-lieux de département plus ou moins importans, ne peuvent être jetés dans le même moule, et que d'ailleurs, dans une institution si nouvelle il faudra peut-être commencer par des tâtonnemens que l'inflexibilité de la loi ne pourrait admettre.

(2) La cour de cassation ne réformant un arrêt qu'en renvoyant à une autre cour royale, il faudrait pour admettre le principe du pourvoi instituer plusieurs conseils suprêmes de censure, chose impossible et inutile, puisque Paris est à-peu-près le seul lieu de la France où s'agitent tous les intérêts de la presse. D'ailleurs on peut ici considérer le conseil suprême comme une cour de cassation, puisqu'au fait, ainsi qu'on le verra dans la loi, les conseils spéciaux, qui lui sont inférieurs, jugent eux-mêmes, en quelque sorte, par appel plutôt qu'en première instance. Enfin les procès civils de la presse, car il ne s'agit pas ici d'autre chose, ne sont guère de nature à ce que le cas d'un pourvoi en cassation puisse souvent s'y présenter : j'ajouterai qu'il importe à la hauteur de cette institution que le conseil suprême ne reconnaisse point de supériorité dans la hiérarchie judiciaire.

(3) Il importe de donner à cette institution beaucoup de splendeur et d'importance pour la proportionner à la puissance qu'elle doit modérer : autrement la presse et la société s'en riront, et ce sera encore une entreprise mort-née. Or, si à cette hauteur et à ce crédit nécessaire vous joignez l'inamovibilité, vous créez par cela même ce que vous

lesquels ils ne peuvent être destitués que pour forfaiture ou abus notable et préjudiciable, et seulement après un jugement de leur propre cour (1).

Le renouvellement du conseil se fait par cinquième d'année en année. Pour la première fois, le tour de chaque cinquième sortant sera déterminé par le sort, et pour les autres fois il viendra dans l'ordre de leur entrée respective.

Les conseillers sortans peuvent être renommés.

---

redoutez dans la magistrature actuelle, un pouvoir capable d'abuser contre vous de l'arme que vous lui confiez contre d'autres. Que si vous voulez donner l'inamovibilité aux conseils de censure, en même temps, pour compenser un si grand privilége, vous seriez contraints de les placer à un rang moins élevé, d'investir de leurs fonctions des hommes moins grands et moins indépendans par eux-mêmes, et dès-lors votre création est encore manquée. Dans le premier cas, grands et inamovibles, ils seront forts contre la presse, mais ils le deviendront aussi contre l'État. Dans le second, petits et inamovibles, ils seront peut-être faibles contre l'État, mais ils le seront à coup sûr contre la presse. Je raisonnerais sans doute autrement si la France avait les charpentes qui lui manquent, ou si la presse y était une puissance moins redoutable ; mais dans l'état d'exception où nous sommes, il faut renoncer dans ce cas-ci au dogme utile de l'inamovibilité, ou, pour mieux dire, ne le placer que dans la classe où les magistrats seront choisis.

(1) En 1814, M. Benjamin Constant demandait des censeurs inamovibles. Cela était conséquent chez lui. Condamné à la censure, il voulait en faire un pouvoir indépendant du trône, et que dans l'occasion on pût ranger du parti de la presse ou d'une de ses opinions : mais la censure, depuis Rome jusqu'à nous, a toujours été une puissance trop grande pour qu'on pût lui donner à-la-fois l'indépendance et l'éternité. D'ailleurs cette création est plus administrative que judiciaire.

ART. 7.

Il peut être nommé des suppléans qui pourront être pris hors des catégories ci-dessus énoncées ; ils seront révocables à la volonté du Roi.

Ils ne siègent que quand ils sont convoqués par le conseil.

ART. 8.

Les fonctions de conseillers sont gratuites. Les émolumens des suppléans (1) et ceux du ministère public sont réglés par des ordonnances.

ART. 9.

Le ministère public est exercé auprès du conseil suprême par un directeur-général de la librairie et par ses substituts, et auprès des conseils spéciaux par les préfets et leurs substituts (2).

Le directeur-général de la librairie est chargé de la surveillance, correspondance et direction générale du ministère public dans les départemens.

ART. 10.

Le conseil suprême prononce au nombre de cinq mem-

---

(1) On voit d'avance que ces suppléans, revêtns d'une magistrature honorable, doivent être en même temps des hommes plus particulièrement consacrés au travail fatigant et minutieux de l'examen des ouvrages. Dans les départemens un seul suffira. Il en est même où il n'eu faudra pas du tout.

(2) Un conseiller de préfecture.

bres au moins, et les conseils spéciaux au nombre de trois
au moins.

Titre II. — *De l'exercice de la censure.*

ART. 11.

Sont exceptés des dispositions ci-après :

1°. Les écrits au-dessus de trente feuilles d'impression
en composition, justification et caractères conformes aux
règles ordinaires de l'imprimerie, qui n'auront pas été im-
primés avant la présente loi.

2°. Les écrits en langues mortes et en langues étrangères.

3°. Les mandemens, lettres pastorales, catéchismes et
livres de prières approuvés par les évêques.

4°. Les mémoires sur procès signés d'un avocat inscrit
au tableau et publiés dans les cours des instances.

5°. Les mémoires des sociétés littéraires et savantes établies ou reconnues par le Roi.

6°. Les opinions des membres des deux chambres pu-
bliées pendant les sessions.

7°. Les publications prescrites par l'autorité publique.

8°. Les prospectus et catalogues non-raisonnés, calen-
driers, avis ou affiches dont la publication aurait été permise par l'autorité municipale.

ART. 12.

Tout objet destiné pour la première fois à la publication,
et non compris dans les exceptions ci-dessus énoncées, doit
être déposé sous récépissé, signé de l'auteur ou de l'édi-

teur, avec déclaration du nombre d'exemplaires ou d'é-
preuves qu'il se propose de publier , et du nom et domicile
de l'imprimeur, lithographe ou graveur, savoir : à Paris ,
à la direction générale de la librairie, et dans les départemens, à la préfecture.

Ne sont exemptés de ce dépôt que les ouvrages périodiques qui paraissent plus d'une fois par semaine.

ART. 13.

A l'égard des ouvrages déjà publiés : s'ils l'ont été avant
la présente loi, il n'est déposé que la demande du permis
de publier et les changemens qu'on se propose de faire (1).
S'ils l'ont été postérieurement à la présente loi, nul permis
n'est nécessaire, hors le cas où il serait fait des changemens
et seulement pour eux.

ART. 14.

Sur le renvoi fait au conseil spécial dans la huitaine du
dépôt, le président charge de l'examen un des membres du
conseil qui prononce dans les huit jours si l'ouvrage n'excède
pas cinquante feuilles. Au-dessus de ce nombre, l'examen
peut se prolonger d'un jour par dix feuilles (2).

---

(1) Cela suffit en effet pour arrêter ou modifier la réimpression des
anciens ouvrages dangereux.

(2) C'est à regret que je propose ces prescriptions minutieuses, et il
me semblerait plus juste et plus politique en même temps d'accorder de
la confiance à une institution qui donne des garanties, et de ne pas ta-
rifier un conseil éminent aussi strictement qu'un commis appointé,
surtout quand, comme ici, il ne s'agit pas d'un ouvrage imprimé, et
ou on puisse prétendre qu'il y a péril en la demeure. mais en minutant

ART. 15.

Si l'examinateur autorise la publication ou la républica-
tion, soit sans changemens, soit avec des changemens,
il appose le permis d'imprimer, soit sur l'ouvrage, soit sur
la demande, s'il n'y a lieu qu'à une simple demande.

ART. 16.

Dans le cas contraire, l'auteur ou l'éditeur refusé peut se
pourvoir devant le conseil spécial qui décide dans le mois
du pourvoi.

ART. 17.

En cas de rejet du pourvoi, la partie peut interjeter appel dans les trois mois, par-devant le conseil suprême qui
prononce dans les deux mois de l'appel (1).

L'exécution du jugement est renvoyée au conseil dont
est appel (2).

ART. 18.

Le premier exemplaire du tirage autorisé doit être dé-

---

une loi pour réformer son siècle, on est forcé de se souvenir que c'est
avec lui qu'on la fait, et qu'il est le disciple de l'abus qu'on combat.

(1) Il se peut que certaines gens, plus préoccupés de l'intérêt de la
société de la presse que de celui de la société générale, trouvent ce
délai trop long. Cependant il ne faut pas se dissimuler que tout écrivain (au moins de Paris, et ils y sont presque tous) appellera, s'il a
été refusé, et que surtout s'il s'agit de la réimpression d'anciens ouvrages volumineux, le conseil suprême peut se trouver encombré.

(2) Sans cette disposition, le conseil suprême se trouverait chargé
d'une surveillance impossible, surtout à l'égard des départemens, dans
les cas où le jugement d'appel aurait permis la publication.

posé par l'imprimeur ou autre publicateur, au greffe du conseil d'où émane l'autorisation, ou de celui auquel l'exécution du jugement d'autorisation a été renvoyée conformément au second paragraphe de l'article précédent.

Cet exemplaire doit être accompagné de la minute de l'ouvrage, ou, dans le cas de l'article 13, de celle des changemens, revêtue du permis de publier ; le tout, huit jours avant la publication, pour un ouvrage de cinquante feuilles, et un jour de plus pour dix feuilles au-dessus de ce nombre.

ART. 19.

Si le tirage diffère de la minute en quelque point essentiel, le conseil spécial suspend la publication, et par suite la permet avec corrections, ou la défend, suivant que la non-conformité est jugée par lui provenir d'erreur ou de malveillance.

ART. 20.

Tout éditeur d'ouvrage, compris dans les exceptions de l'article 11, a la faculté d'y renoncer et de se soumettre aux prescriptions établies à l'égard des autres.

ART. 21.

Dans les décisions à rendre en vertu des articles 16, 17 et 19 de la présente loi, l'instruction et le jugement ont lieu à huis-clos : la procédure se fait par mémoires qui ne peuvent être publiés (1), toutefois la partie

---

(1) Le principe de la publicité des procédures ne peut s'appliquer que là où il y a une procédure réelle. Ici il n'y a, sous une forme judi-

est entendue par elle - même (1) si elle le requiert.

Titre III. — *Des Ouvrages périodiques.*

ART. 22.

Nul ouvrage périodique ne paraît qu'avec une autorisation du Roi.

Toutefois, la présente loi tient lieu et place d'autorisation royale, pour ceux d'aujourd'hui existans.

ART. 23.

Tout ouvrage périodique doit, sans exception de ceux existans, présenter pour éditeur responsable au directeur général de la librairie ou aux préfets, un propriétaire payant 2,000 fr., 1,000 fr. ou 500 fr. de contribution foncière, et fournissant un cautionnement de 300 mille fr., 150 mille fr. ou 75 mille fr., dont la moitié en immeubles: le tout conformément aux trois classes établies par l'article 1er. de la loi du 9 juin 1819.

ART. 24.

En cas de rejet par le ministère public, s'il y a contesta-

---

ciaire, qu'une véritable discussion administrative, telle qu'elle pourrait se passer dans les bureaux du directeur-général de la librairie. D'ailleurs il y aurait un contresens trop choquant dans une institution qui a pour but d'ôter au public la connaissance des ouvrages nuisibles, de l'appeler spécialement et légalement à la connaissance de ces mêmes ouvrages, et précisément de ce qu'il y aurait de plus nuisible en eux : l'appel même de l'écrivain lui donnerait la publicité qu'on lui refuse.

(1) Mêmes motifs pour ne pas appeler des avocats.

3

tion, il y est statué par les conseils de censure de la même
manière qu'en l'article 21; et néanmoins la décision du
ministère public reçoit provisoirement son exécution, jusqu'au jugement du conseil spécial, lequel est exécutoire
nonobstant appel.

ART. 25.

Chaque écrit périodique porte en tête le nom et le domicile du propriétaire éditeur responsable.

ART. 26.

Le président du conseil spécial désigne, pour l'examen
des ouvrages périodiques qui paraissent plus d'une fois par
semaine, un ou plusieurs conseillers ou suppléans, auxquels
le manuscrit, ou la première épreuve est remise
heures avant la distribution. Dans les   heures qui sui-
vent la remise, l'examinateur remet ladite épreuve, ac-
compagnée du permis d'imprimer, avec ou sans changemens,
et sa décision est exécutée par provision, sauf à la partie
qui se croit lésée à se pourvoir devant le conseil spécial,
qui peut lui accorder des dommages et intérêts sur les fonds
dont il sera ci-après parlé.

Il prononce dans ce cas en dernier ressort, et de la même
manière qu'en l'article 21.

ART. 27.

Dans le cas où les chambres législatives, ou l'une d'elles
jugeraient convenable d'avoir un journal particulier et of-
ficiel, soumis à leur propre censure, ne durant que le
temps des sessions, et ne contenant que le compte authen-

tique de leurs séances; ce journal sera exempt de toutes les dispositions de la présente loi, à la réserve de celle contenue en l'article 3o ci-après, et sauf l'action du ministère public, dans le cas où il se prévaudrait de ce privilége, pour se permettre d'autres insertions.

ART. 28.

Dans ce cas également, tous articles des autres écrits périodiques, qui ne seraient que la transcription littérale du susdit journal, ne peuvent être modifiés par la censure.

ART. 29.

Tout ouvrage, périodique ou autre, et sans égard aux exceptions énoncées en l'article 11, qui serait publié en tout ou partie en français dans les pays étrangers, ne peut circuler en France avant que ses auteur ou éditeur, ou, à leur défaut, le dépositaire dudit ouvrage, ait rempli les formalités exigées par la présente loi.

ART. 3o.

Le droit de timbre, auquel les écrits périodiques sont assujettis, est augmenté par quatre pages de journal, et quelle qu'en soit la dimension, savoir : de cinq centimes pour ceux qui s'impriment dans le département de la Seine, et de deux centimes et demie pour les autres (1).

___

(1) Ce droit est destiné à payer les frais de l'institution, et jamais taxe ne fut plus équitable que celle qui fait supporter aux journaux la dépense d'une chose qu'eux seuls à-peu-près rendent nécessaire.

Titre IV. — *Des peines.*

art. 31.

L'ouvrage autorisé dans les formes précédentes ne peut être recherché par le ministère public, et sauf les droits des tiers, hors le cas seul où il aurait échappé à l'examen des choses qualifiées crimes ou délits (1) ou provocation à iceux par la loi du 17 mai 1819 (2). Auquel cas il en est informé devant les cours de justice ordinaires (3), soit d'office, soit à la requête du ministère public près le conseil de censure.

---

(1) On pourra demander ici, 1°. si l'examinateur fautif ne devrait pas être garant envers l'auteur. Je réponds, non; parce que dans ce cas l'auteur, dont le crime ou le délit ont échappé à l'inadvertance de l'examinateur, n'en est pas moins et ne s'en sait pas moins coupable. Tout ce que l'équité peut exiger, c'est que la censure le mette à l'abri de la peine; c'est à quoi il est pourvu par l'article 32. 2°. Si ce même examinateur n'est pas responsable de sa propre faute envers la société. Je réponds encore, non, si elle n'est qu'une inadvertance; et dans le cas contraire, il y est pourvu par l'article 6. Dans tous les cas, invoquer des garanties de ce genre, ce serait ôter toute force, toute dignité à l'institution, et la condamner d'avance à ne point trouver d'hommes élevés en rang, en considération, en caractère et en talens qui consentent à en faire partie.

(2) La poursuite, dans ce cas, est conforme à l'esprit de la législation générale, et par conséquent ne peut être jugée contraire à celui de la présente loi. La société ne peut perdre ses droits. Celui qui a commis crime ou délit est et se sait coupable. Il faut seulement peser ce qu'on doit, 1°. à l'auteur pour la garantie que lui a promis la censure; c'est d'être exempté de la peine, 2°. à la société dont l'intérêt ne peut être compromis; c'est d'être exemptée de la publication.

(3) Le premier vœu de ce projet était que la connaissance des crimes,

ART. 32.

En cas de crime ou délit, ou de provocation à iceux, contenus dans l'ouvrage autorisé, le tribunal ordonne seulement que cet ouvrage sera supprimé ou cartonné sans indemnité à l'auteur.

ART. 33.

Dans ce même cas, le tribunal peut allouer une indemnité à l'imprimeur ou au libraire (1). L'arbitrage en est renvoyé au conseil de censure d'où l'autorisation est émanée, et le paiement en est fait sur les fonds dont il sera ci-après parlé.

ART. 34.

En cas de crime ou délit ou de provocation à iceux, contenus dans un ouvrage publié sans autorisation, comme faisant partie des exceptions énoncées en l'art. 11, ils sont punis, quant à l'emprisonnement, des peines portées aux articles 10, 11, 12, 17, 18 et 19 de la loi du 17 mai 1819, et 1, 2, 3, 4, 5 et 6 de la loi du 25 mars 1822, et quant aux amendes, ainsi qu'il suit (2) :

---

délits et contraventions de la presse fût attribuée aux conseils de censure, afin qu'ils formassent une magistrature et une juridiction complète et séparée, mais il eût fallu pour cela leur donner un caractère inamovible, et cela en eût fait un corps dont le poids eût emporté toute balance dans l'état actuel de la société. Il a fallu y renoncer.

(1) L'autorisation du conseil de censure les a dispensés même de lire l'ouvrage. Ils sont irréprochables jusqu'à preuve contraire.

(2) Ces amendes sont celles proposées à la chambre des députés par sa commission pour le projet de loi de la presse, et adoptées par elle.

(38)

De 2,000 à 20,000 fr. pour les cas de provocation à un crime sans que ladite provocation ait été suivie d'aucun effet. (Art. 2 de la loi du 17 mai 1819.)

De 500 à 10,000 fr. pour le cas de provocation à un délit sans que ladite provocation ait été suivie d'aucun effet. (Art. 3 de la loi du 17 mai 1819.)

De 5,000 à 30,000 fr., dans le cas d'offense envers la personne du Roi. (Art. 9 de la même loi.)

De 5,000 à 30,000 fr. dans le cas d'outrage contre la dignité royale, l'ordre de successibilité au trône, contre la religion de l'état ou contre ses ministres, à l'occasion de leurs fonctions, contre toute religion légalement reconnue ou ses ministres à l'occasion de leurs fonctions. (Art. 1er. de la loi du 25 mars 1822.)

De 3,000 à 20,000 fr. dans le cas d'offense contre les membres de la famille royale, contre les chambres ou l'une d'elles. (Art. 10 et 11 de la loi du 17 mai 1819.)

De 3,000 à 15,000 fr. dans le cas d'offense envers la personne des souverains étrangers. (Art. 12 de la même loi.)

De 1,000 à 20,000 fr. dans le cas de diffamation envers les cours, les tribunaux, corps constitués ou administrations publiques (art. 5 de la loi du 25 mars 1822); envers les ambassadeurs ou autres agens diplomatiques accrédités auprès du Roi (art. 17 de la loi du 17 mai 1819); envers tout dépositaire ou agent de l'autorité, pour des faits relatifs à ses fonctions. (Art. 16 même loi.)

De 500 à 10,000 fr., pour diffamation envers les particuliers (art. 18 même loi).

Le tout sans préjudice des peines décernées par le code pénal dans les cas de dol et de fausses déclarations.

Toutefois, en cas d'approbation simulée, les imprimeurs et libraires sont reçus à prouver leur bonne foi.

ART. 35.

Il est également informé devant les cours de justice ordinaires, soit d'office, soit à la requête du ministère public près le conseil de censure, contre toute contravention aux art. 12, 13, 18, 22, 23, 25, 27 et 29 de la présente loi, et aussi contre tous colporteurs d'ouvrages non pourvus de brevet.

ART. 36.

A l'égard des ouvrages publiés à l'étranger, dont il est mention dans l'art. 29 de la présente loi, ils sont dénoncés par le ministère public, soit à la cour royale la plus voisine du point de l'introduction, soit à la cour royale de Paris, à la requête du directeur-général de la librairie.

ART. 37.

Ces contraventions sont punies.

A l'égard des auteurs, éditeurs ou dépositaires, et solidairement entr'eux :

1°. S'il s'agit d'un ouvrage non périodique, de la suppression de l'édition et d'une amende de 1,000 à 20,000 fr. ;

2°. S'il s'agit de gravures et de dessins lithographiés, de leur destruction et d'une amende de 100 à 3,000 fr. ;

3°. S'il s'agit d'un ouvrage périodique, de la suspension à temps ; en cas de récidive, de la suppression définitive, et dans les deux cas de l'emprisonnement d'un mois à six mois et d'une amende de 500 à 5,000 fr.;

4°. S'il s'agit du journal énoncé en l'art. 27, d'une amende de 2,000 à 20,000 fr., sans autre peine.

A l'égard des imprimeurs, libraires, lithographes, graveurs et tous publicateurs, et également dans les deux cas d'ouvrages périodiques ou non périodiques, d'une amende de 500 à 10,000 fr.; et, suivant la gravité de la contravention ou le cas de récidive, d'un emprisonnement d'un mois à six mois, de la suspension et même de la perte de leur brevet.

Et à l'égard des colporteurs non brévetés, d'une amende de 100 à 1,000 fr., et d'un emprisonnement de quinze jours à trois mois.

Sans préjudice, à l'égard des uns et des autres, des peines portées en l'art. 34 de la présente loi, en cas que lesdits ouvrages contiennent des crimes ou délits, ou provocations à iceux.

TITRE V. — *Dispositions additionnelles.*

ART. 38.

Dans le cas où les agens du ministère public près les conseils de censure négligent de poursuivre, ils peuvent y être contraints par une délibération du conseil.

ART. 39.

Le Roi peut, de l'avis du conseil suprême de censure et hors des cas de condamnations ci-dessus prévues, retirer l'autorisation à tout écrit périodique autorisé par lui ou par la présente loi , et le brevet à tout imprimeur ou libraire, avec un délai de trois mois à un an, et une indemnité préalable réglée à dire d'experts.

ART. 40.

La régie des domaines verse dans une caisse particulière confiée au ministre garde-des-sceaux ,

1°. Le supplément de cinq centimes et deux centimes et demi de droit de timbre auquel les écrits périodiques sont assujettis par l'art. 30 ci-dessus ;

2°. Le produit des greffes des conseils de censure.

Le revenu de cette caisse est employé à subvenir aux frais de la présente institution. Le ministre garde-des-sceaux en rend compte annuellement pour ordre et additionnellement à son budget.

ART. 41.

Les dispositions des lois antérieures , qui ne sont pas contraires à la présente loi, continuent d'être exécutées.

FIN.